CINEMA
EMOÇÕES EM MOVIMENTO

Heidi Strecker

IMAGENS EM MOVIMENTO

Passar algumas horas diante da imensa tela do cinema é uma experiência mágica, pois ele provoca emoções fortes e mexe com a nossa imaginação.

Durante a exibição de um filme, podemos ficar apaixonados, sentir arrepios de medo ou ter vontade de rir, esquecidos do mundo. Por meio do cinema, podemos realizar a incrível façanha de viver outras vidas.

Bom, mas deixando o fascínio um pouco de lado, vamos parar para pensar: O que é cinema? O que são essas imagens que nos envolvem como se fossem realidade, mas são apenas luz e sombra projetadas numa tela? Será que é pelo fato de as imagens no cinema não serem estáticas, como na fotografia ou na pintura, que temos a impressão de serem reais?

COMO NASCEU O CINEMA

Não é de hoje que o homem busca representar imagens em movimento. Há milhares de anos, homens pré-históricos desenharam um bisão na parede de uma caverna em Altamira, na Espanha: o animal tinha oito patas, como se estivesse correndo! Essa foi a primeira tentativa entre muitas outras para representar o movimento.

TEATRO DE SOMBRAS

Há 5 mil anos inventou-se uma maravilha nos países do Oriente: o teatro de sombras. Os personagens eram figuras recortadas e manipuladas por um ator. Projetadas numa tela de seda, as imagens pareciam flutuar. Isso encantava as pequenas plateias. Você também pode recortar algumas imagens e movimentá-las diante de uma fonte de luz!

LANTERNA MÁGICA

No século XVI, um cientista alemão juntou uma caixa, uma fonte de luz e uma lente e, com isso, criou a *lanterna mágica* – um aparelho óptico que reflete e amplia as imagens a distância. Faltava, porém, dar movimento a essas imagens.

CINETOSCÓPIO

No século XIX, além de inventar a lâmpada e o fonógrafo, o norte-americano Thomas Edison inventou também o cinetoscópio. Dentro desse aparelho, era projetado um filme perfurado, cujas imagens passaram a ter movimento. Infelizmente, o filme só podia ser visto por um espectador de cada vez.

CINEMATÓGRAFO

Auguste e Louis Lumière, dois irmãos franceses, fizeram várias experiências até criarem o cinematógrafo – um aparelho movido a manivela que usava uma película para gravar as imagens. Com ele era possível registrar as imagens e depois exibi-las para um grande público.

VOCÊ SABIA?

Em 1877, o governador da Califórnia afirmou que há um momento na corrida de cavalos em que o animal fica com as quatro patas fora do chão. Ele apostou nisso e quis comprovar. Contratou, então, um fotógrafo, Edward Muybridge, que instalou vinte e quatro câmeras em sequência, que foram acionadas por fios, de acordo com o movimento das patas do cavalo. Adivinhe!

A PRIMEIRA SESSÃO DE CINEMA

No dia 28 de dezembro de 1895 foi realizada, em Paris, a primeira sessão de cinema. Muita gente foi conferir a novidade. Naquela época, além de ser em preto e branco, os filmes eram mudos e muito curtos – duravam apenas alguns minutos. Eles mostravam cenas do cotidiano.

E por ser ainda uma novidade, o cinema causava algumas reações inusitadas.

Uma dessas situações aconteceu durante a projeção do filme *A Chegada do Trem*.

A plateia levou um enorme susto, porque o trem, que fora filmado de frente, parecia invadir a sala de projeção e cair sobre ela!

Existe, sim, um momento em que o cavalo fica no ar, suspenso! O governador ganhou sua aposta, e Muybridge descobriu um princípio importante para o cinema: a ilusão de movimento acontece quando as imagens são projetadas em sequência, e o olho humano não consegue distingui-las isoladamente.

OS PRIMEIROS FILMES

Ao contrário dos filmes de hoje, que passam por amplo planejamento antes de serem rodados, os primeiros filmes eram registros da realidade.

Para captar as imagens, os cineastas carregavam consigo suas câmeras, a qualquer hora e para qualquer lugar, como se fossem repórteres. Mesmo com câmeras enormes e desajeitadas, podiam conseguir imagens ricas e interessantes.

Aos poucos, o cinema foi aprendendo a contar histórias. Para isso, emprestou elementos do teatro e colocou atores e dançarinos em cena. Os enredos também passaram a ser mais complexos, e os filmes ficaram mais longos. Foi dessa maneira que a linguagem do cinema começou a se desenvolver.

VIAGEM À LUA

O diretor de teatro George Mèlies foi um dos inovadores do cinema. Inspirado em um dos romances do escritor Júlio Verne, ele produziu um filme de ficção científica chamado *Viagem à Lua*. O filme durava longos treze minutos! Para *Viagem à Lua*, George Mèlies criou uma lua de papel machê, moldada no rosto de uma dançarina, com um foguete, que parecia entrar diretamente no olho dela. Ficou muito bom!

Como os primeiros filmes eram mudos, contratava-se um pianista para tocar durante a projeção. O piano ficava perto da tela, e o ritmo da música acompanhava o clima das cenas.

Embora mudos, os filmes apresentavam diálogos. Para isso, eram exibidos letreiros-cartazes escritos que reproduziam as falas dos personagens. Os atores, que tinham como instrumento apenas a linguagem corporal, se esforçavam para transmitir as emoções ao público: representavam com exagero, usando mímica e variadas expressões faciais.

Você quer ter uma ideia do que significa isso tudo? Então crie uma pequena história e represente-a sem usar a voz, apenas por meio de mímica.

VOCÊS AINDA NÃO VIRAM NADA

Com o desenvolvimento tecnológico, o som foi sendo incorporado ao cinema. Um dos primeiros filmes falados foi *O Cantor de Jazz*, com o ator Al Jolson. Em 1927, ainda com recursos do cinema mudo, esse filme usava os tradicionais letreiros para registrar diálogos. No meio de uma das cenas, no entanto, aconteceu uma coisa espantosa na tela: o personagem virou-se para a plateia e disse: "Esperem um pouco, vocês ainda não viram nada!". Imagine o impacto que essa cena causou!

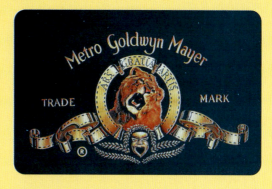

UM LEÃO ANUNCIA O SOM

Você já viu e ouviu um leão rugindo antes do início de um filme? É o famoso rugido do leão da Metro Goldwyn Mayer, um dos maiores estúdios de cinema dos Estados Unidos. Esse leão rugiu pela primeira vez em 1928, quando o som passou a ser amplificado por um aparelho chamado *fonógrafo*.

No começo do cinema falado, quando as técnicas ainda estavam sendo aprimoradas, coisas estranhas aconteciam durante a exibição. Às vezes, por exemplo, não havia sincronia entre som e ação, e as falas saíam antes ou depois dos movimentos da boca.

Causavam estranhamento também as vozes de alguns atores e atrizes. É como se elas não combinassem com seus donos: mulheres lindas e sedutoras apareciam com vozes estridentes e desafinadas!

VOCÊ SABIA?

Inicialmente, os nomes dos atores não constavam nos créditos dos filmes; até que se descobriu que atores famosos levam mais público ao cinema. Mary Pickford, Theda Bara e Rodolfo Valentino são exemplos de atores do cinema mudo que levavam milhares de pessoas às salas de projeção. Com isso, revistas passaram a estampar o rosto dos artistas, e o nome deles era divulgado nos cartazes dos filmes. Esse fenômeno de marketing ficou conhecido como **star system**.
E você, já foi ao cinema só por causa de um ator ou de uma atriz?

A INDÚSTRIA DO CINEMA

Hollywood! Todo mundo reconhece essas letras gigantes que anunciam a capital mundial do cinema. Hollywood fica em Los Angeles, na costa oeste dos Estados Unidos. E é lá que se concentram os maiores e mais famosos estúdios de cinema.

Mas nem sempre foi assim.

Os primeiros produtores rodaram seus filmes na Broadway, em Nova York. Somente depois, com a expansão dos negócios, mudaram-se para Los Angeles. O cinema rapidamente se transformou numa fábrica de sonhos, com público sempre crescente. Os grandes estúdios montavam linhas de produção para cada tipo de filme.

Os filmes eram separados por gênero: musicais, comédias, romances, filmes de faroeste etc.

Os produtores assumiram o controle de tudo, com disciplina rígida. Milhares de pessoas, com funções especializadas, passaram a trabalhar no cinema. Essa organização toda resultou em lucros gigantescos para os produtores, fama e reconhecimento para os atores e oportunidade de trabalho para muita gente.

Até hoje o cinema é uma indústria muito poderosa, capaz de gerar riquezas e movimentar a economia de muitos países.

A CHEGADA DA COR

O desejo de colorir os filmes já existia nas produtoras havia algum tempo; no entanto, o único processo disponível para isso consistia em tingir a película, o que era caro e trabalhoso. No começo dos anos 1930, o sistema *Technicolor* foi aperfeiçoado, e o desejo tornou-se realidade. As imagens eram registradas três vezes, cada uma delas com um filtro de cor diferente. Mas foi somente nos anos 1960 que o filme colorido se popularizou e passou a ser utilizado na maioria das produções.

A indústria do cinema percorreu um longo caminho até os filmes se tornarem parecidos com os que a gente conhece hoje: sonorizados, coloridos e mais longos. As câmeras se tornaram mais leves, e os microfones deixaram de ser fixos. Até a maneira de exibir os filmes mudou: a tela ficou bem maior, principalmente depois que o cinema passou a concorrer com a televisão.

MUSICAIS

O gênero musical recebeu influência do teatro da Broadway, que utilizava a música orquestral e o sapateado. Para seduzir o grande público dos filmes musicais, os produtores encomendavam cenários luxuosos e coreografias exuberantes. Por essa razão, esses filmes contribuíram para a criação de um cinema com atmosfera de sonho e fantasia. Os atores de musicais precisavam ser muito bem preparados, pois, além de representar, eles cantavam e dançavam. Fred Astaire e Ginger Rogers formaram uma das duplas mais famosas de Hollywood nesse gênero.

LÁGRIMAS

Os filmes passaram a emocionar e arrancar lágrimas da plateia; a arte de fazer chorar foi aperfeiçoada com os dramalhões românticos (dramas exagerados, com lances trágicos). Um exemplo desse gênero de filme é o clássico *E o Vento Levou*, que narra a história de amor entre um aventureiro e uma jovem rica, em meio à guerra. Mais de 1.400 atrizes fizeram os testes para interpretar o papel principal nessa superprodução. Essa história emocionou o público e foi sucesso absoluto de bilheteria. *E o Vento Levou* não só foi o primeiro filme colorido a ser premiado com o Oscar, como levou dez estatuetas nesse gênero.

VOCÊ SABIA?

Os filmes de caubói foram uma invenção do cinema norte-americano; porém, a eterna luta entre os heróis e os fora da lei passou a fazer parte do cinema do mundo todo. Para os filmes de faroeste, foram trazidos fatos históricos – a conquista do oeste americano e a Guerra de Secessão, por exemplo, que opôs sulistas ao governo central no século XIX. O caubói é o grande herói do filme de faroeste, o homem que quase sempre faz justiça com as próprias mãos.

COMO É FEITO UM FILME?

Segundo o cineasta brasileiro Glauber Rocha, para começar a fazer um filme é preciso ter "uma câmera na mão e uma ideia na cabeça".
Antes, porém, que as ideias sejam executadas, elas precisam ser transformadas num roteiro.

ROTEIRO

O roteiro é a história do filme contada de uma forma técnica. Ele vale como guia de filmagem.
É um texto completo que descreve a ação, os personagens e os diálogos. Contém também a indicação dos planos, dos enquadramentos e dos movimentos de câmera. O roteiro pode ser *original*, ou seja, criado por um autor, ou *adaptado* de alguma obra literária.
Fazer uma adaptação não é nada fácil. Imagine só! Ao lermos um livro, recriamos na imaginação aquilo que o narrador nos conta. No cinema, porém, tudo tem de ser traduzido em imagens, pelo roteirista e pelo diretor. Como mostrar alguém pensando? Como revelar que o mocinho está com medo?
Quando apresentamos um filme em poucas palavras, estamos fazendo um resumo do roteiro; esse resumo se chama *sinopse*. Só para treinar, que tal fazer a sinopse de um filme que você tenha visto e gostado?

EQUIPAMENTO

Um filme pode ser gravado em *película* ou no *sistema digital*. No primeiro caso, as imagens passam através da câmera e ficam registradas numa película (filme fotográfico em forma de rolo). Com o filme pronto, a película é retirada do chassi e mandada para o laboratório para ser revelada. No caso do cinema digital, a imagem é registrada numa fita de vídeo ou diretamente na câmera e, depois, é digitalizada num computador e transformada em arquivo.

A IMAGEM NO CINEMA

O fotógrafo ou o diretor de fotografia é o responsável pelas imagens de um filme. Ele vai escolher as lentes, testar a iluminação, definir os planos e os enquadramentos, garantindo um visual perfeito. A iluminação é fundamental para tornar uma imagem expressiva, determinar os padrões de cor e ajudar a criar a atmosfera de um filme.

O SOM NO CINEMA

A sonorização de um filme pode ser feita de muitas maneiras e em vários momentos. Os sons podem ser captados diretamente durante as filmagens ou podem também ser acrescentados depois. Quanto à música de um filme, existe um profissional responsável pela trilha sonora, que pode ser composta por músicas instrumentais ou mesmo canções originais feitas especialmente para o filme.

DIREÇÃO DE ARTE E FIGURINOS

As locações e os cenários precisam ser escolhidos com muito cuidado. Um filme é rodado num set (um lugar para as filmagens). Esse lugar pode ser um estúdio ou um ambiente externo, como uma rua ou um parque. Às vezes é preciso construir cenários complicados, o que requer o trabalho de uma equipe grande. Os figurinos são as roupas e os acessórios usados pelos personagens. O profissional responsável pela criação do figurino chama-se figurinista. Ele tem todo um trabalho de pesquisa antes de criar, pois o vestuário precisa ser fiel ao personagem e à época histórica em que ele vive. Se você assistiu ao *Gladiador*, deve ter ficado admirado com o figurino apresentado. Já imaginou quanta pesquisa foi necessária para criar os trajes de época que aparecem no filme?

VOCÊ SABIA?

Não é fácil fazer um soldado parecer ferido ou um policial parecer acidentado. Nessas situações é preciso algo mais que o talento do ator, figurinos, cenário e objetos de cena. É preciso caracterizar bem o personagem, que é função do **maquiador**. Ele é o profissional responsável por fazer o personagem ficar mais velho ou mais novo, aparecer careca ou virar um monstro perigoso! Certos atores ficam irreconhecíveis ao sair da sala de maquiagem!

ETAPAS
NA REALIZAÇÃO DE UM FILME

Você pode fazer um filme de um minuto com uma câmera digital. Todo mundo pode se tornar um cineasta amador e produzir um pequeno filme. Agora, realizar os grandes filmes, os filmes profissionais, é mais complicado. Como será que eles são feitos?

Esse é um trabalho que requer tempo, dinheiro e o talento de uma grande equipe. O *produtor* de um filme cuida da parte financeira e administrativa.

Ele capta os recursos necessários para fazer o filme; é responsável pelo orçamento, pelo aluguel dos equipamentos, pela compra dos materiais e pela contratação e pagamento do pessoal.

Quando fica pronto, o filme precisa ser *reproduzido* (são feitas várias cópias do mesmo filme), *distribuído* (vai para vários cinemas, em várias partes do mundo) e, finalmente, *exibido* nos cinemas.

O DIRETOR

Observe o diretor Jean-Luc Godard examinando a película de um de seus filmes. O diretor é peça-chave de um filme. Ele é, na verdade, o autor da obra. Ele participa de todas as etapas da realização e é responsável pelo *set* de filmagem e pelos atores. O próprio diretor pode escrever o roteiro ou escolher os locais de filmagem. Pode também participar dos testes para escolha dos atores que vão trabalhar no filme.

Antes do início das filmagens, o diretor acerta os detalhes da produção e participa do plano de filmagem. Ele ensaia e dirige os atores nas cenas previstas no roteiro. Depois, escolhe as melhores cenas filmadas e participa da montagem do filme. Também supervisiona a dublagem e escolhe a trilha sonora e os efeitos especiais. É muito trabalho!

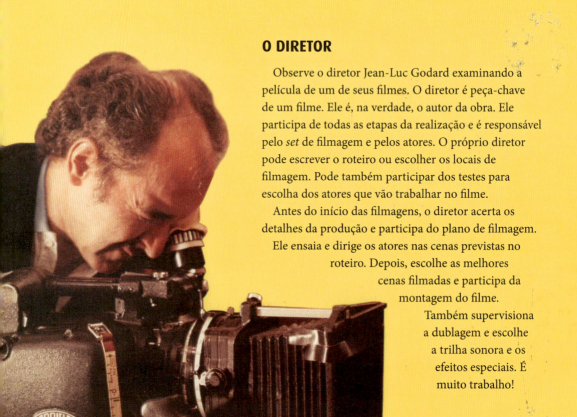

PLANO DE FILMAGEM

A maioria das cenas de um filme é rodada fora da ordem cronológica da história. São muitas e muitas horas de filmagem, e pode acontecer de a mesma cena ter de ser realizada várias vezes. Parece um caos: casal se beijando antes de se conhecer, bandido preso antes de cometer o crime... Para definir as etapas de trabalho e providenciar tudo o que será necessário para a realização das cenas é feito um *plano de filmagem*.

LUZ, CÂMERA, AÇÃO!

"Luz, câmera, ação!" Imagine a emoção dos atores ao entrar em cena depois de ouvir esse comando.

Silêncio absoluto no *set*. De repente, a voz de alguém: "Corta!" e um barulho metálico.

A claquete (a placa cheia de números e letras) é fundamental durante as filmagens. Os números marcam o início e o fim de cada sequência.

E o barulho da claquete? Bem, esse ruído vai marcar a *sincronia* entre a imagem e o som, que são captados separadamente. Mais tarde, na hora de juntar imagem e som, o montador vai se basear nas imagens e nos sons da claquete. Entendeu?

MONTAGEM E EDIÇÃO

Depois que todas as cenas foram filmadas, é hora de editar o filme. O editor, ou montador, escolhe e organiza, na imensa quantidade de material filmado, as cenas e tomadas que farão parte da versão final do filme.

Ele estuda cada cena, verifica a transição entre uma sequência e outra e faz alterações na ordem e na duração das sequências. Acrescenta ainda os sons, a trilha sonora, os efeitos especiais e os diálogos, que podem ser gravados ao vivo ou dublados depois, pelos próprios atores.

VOCÊ SABIA?

Para sabermos como um filme vai ficar quando estiver pronto, antes de ele ser rodado podemos desenhar um *storyboard*. O *storyboard* é como uma história em quadrinhos.

Cada cena é desenhada da maneira como será vista na tela, com os personagens, o cenário, os enquadramentos e os ângulos da câmera.

Que tal chamar seus amigos para desenhar o *storyboard* de um filme imaginado por vocês?

A ARTE
DO CINEMA

Imagine a seguinte situação: um garoto pequeno está na sala brincando com um carrinho. Você precisa *enquadrar* a cena. Vai mostrar toda a sala e deixar a imagem do menino pequenininha no meio? Ou vai colocar uma imagem grande do menino, de forma a mostrar tanto o seu olhar atento quanto a posição em que ele está, com os braços e as mãos movimentando o brinquedo?

A LINGUAGEM DO CINEMA

O cinema é uma arte; é uma arte que tem sua própria linguagem. Vamos entender um pouco melhor o que é a *linguagem cinematográfica*.

Há muito tempo, o cinema reproduzia uma cena como se alguém a estivesse vendo da plateia de um teatro. Muito bem. Os atores dançavam e se moviam, mas o *ponto de vista* era fixo. A câmera ficava parada, registrando o desenrolar dos movimentos e das cenas. Era meio monótono.

As coisas começaram a mudar quando alguém teve a ideia de *alterar* o ponto de vista. A câmera, então, passou a olhar para lá e para cá, para cima e para baixo, para a frente e para trás, imitando os movimentos de nossas cabeças.

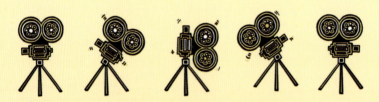

Mas não foi só isso. Descobriram também que a câmera não precisava ser fixa. Ela podia se movimentar, andar, correr, acompanhar um personagem. A câmera passou a ter um papel ativo, escolhendo o ângulo pelo qual a cena será vista.

Certa vez, um auxiliar dos irmãos Lumière teve a ideia de colocar uma câmera em cima de uma gôndola, em Veneza. Com isso, ele inventou o *travelling*, que é o movimento que a câmera registra quando corre sobre um trilho, acompanhando o desenrolar da cena.

Você pode também dar um close na mãozinha que empurra o brinquedo e acrescentar o som *vrummmm*, que ele faz com a boca quando o carrinho anda. Pode ser ainda que você organize essas imagens numa sequência, como se estivesse entrando na sala e fosse aos poucos se aproximando do garoto.

Pois bem, todas essas escolhas fazem parte da linguagem do cinema. *Selecionar e organizar*! É isso, basicamente, o que os cineastas fazem.

A MAIS PURA REALIDADE

A arte do cinema não está apenas na maneira de registrar as imagens. Está também na escolha e na organização das cenas.

Quando vemos um filme, não temos consciência do enquadramento, dos planos, dos movimentos de câmera e da iluminação.

Nem percebemos como as sequências foram cortadas e coladas. Mas com certeza é tudo isso que nos dá a ilusão de que o que vemos é… a mais pura realidade.

ARTE E CINEMA

Você provavelmente já ouviu falar de Federico Fellini, de Michelangelo Antonioni ou de Jean-Luc Godard. Eles, entre outros, realizaram um cinema com uma marca registrada, um cinema autoral.

Os grandes diretores de cinema – de ontem e de hoje – são artistas, como os pintores, os poetas ou os músicos, pois inventam novas formas de ver o mundo e chaves para entender a realidade.

Para o diretor italiano Federico Fellini, o cinema usa a linguagem dos sonhos: "Os anos podem passar num segundo e você pode pular de um lugar para outro. E, no verdadeiro cinema, cada objeto e cada luz têm um significado, como num sonho".

VOCÊ SABIA?

Cinéfilo é alguém apaixonado por cinema. Há cinéfilos que têm mania de cinema e precisam assistir a **todos** os filmes, como se fossem colecionadores. Outros se interessam por **tudo** que se relaciona com cinema. Para reunir a memória do cinema – os filmes, os roteiros originais, as revistas e os livros sobre cinema – existem as cinematecas, instituições que preservam e restauram os filmes e são o paraíso dos cinéfilos! E você, quanto se interessa por cinema? Será que você é cinéfilo?

GRANDES FESTIVAIS
E PREMIAÇÕES

Todos os anos, o *glamour* e a emoção saltam das telas de cinema para o teatro Kodak, em Los Angeles. Trata-se da premiação anual do Oscar. Mais de um bilhão de espectadores sintonizam a TV para acompanhar as celebridades desfilando pelo tapete vermelho. O público procura os rostos mais conhecidos, observa as joias e os decotes, as roupas dos melhores estilistas e os penteados mais malucos.

Todos querem ver e ser vistos!

Os prêmios existem para dar prestígio, aumentar o valor comercial dos filmes e tornar os artistas badalados. Os grandes astros e estrelas das premiações são os atores e as atrizes. Esses eventos mostram o *carisma* excepcional deles; isto é, o fascínio que exercem sobre o público, a capacidade que têm de encantar e seduzir as pessoas.

O OSCAR VAI PARA...

Todo mundo fica curioso a respeito dessa estatueta tão cobiçada: o que é o Oscar? Como surgiu? Qual a origem desse nome?

O Oscar é um prêmio concedido pela Academia de Artes e Ciências Cinematográficas.

A primeira festa de premiação do Oscar foi um banquete oferecido pelos magnatas da indústria cinematográfica. Esse prêmio, em que os vencedores são indicados por mais de seis mil membros da Academia, é representado por uma estatueta de quase quatro quilos, folheada a ouro. A imagem é de um homem

OUTROS FESTIVAIS

Como o mundo do cinema não está mais concentrado apenas em Hollywood, além do Oscar há vários festivais importantes acontecendo em outros países. Durante esses festivais são lançados novos filmes, divulgadas e premiadas obras realizadas no mundo inteiro. Na Europa, os festivais de Cannes, de Veneza e de Berlim têm tradição em movimentar o mundo do cinema. Os prêmios são atribuídos por um júri, que muda a cada ano.

FILMES DO MUNDO TODO

A Mostra Internacional de Cinema de São Paulo apresenta filmes do mundo inteiro. A mostra de cinema traz filmes bem variados, de artistas consagrados ou estreantes. E o mais emocionante é que o telespectador pode participar da premiação; ele pode votar no seu filme predileto, pois há um prêmio concedido pelo público. O Brasil também tem outros festivais importantes, como os festivais de Brasília e de Gramado.

nu em cima de um rolo de filme, segurando uma espada.

Inicialmente, a estatueta não se chamava Oscar. Na verdade, ninguém sabe ao certo a origem do nome, mas uma das lendas diz que a bibliotecária da Academia, ao observar a escultura na mesa de um dos diretores, exclamou: "Parece meu tio Oscar!", e o nome pegou. Na festa do Oscar, além dos prêmios de melhor filme, melhor diretor e melhor ator e atriz, há vários outros prêmios importantes, como fotografia, trilha sonora, maquiagem, edição de som, montagem, direção de arte, roteiro etc..

DRAMA E DOCUMENTÁRIO

Todo mundo tem suas preferências quando se trata de escolher um filme. Alguns gostam de ficção científica, outros preferem filmes de terror, daqueles que dão muito medo.

Quando falamos em "tipo" de filme, estamos nos referindo ao *gênero*.

Os filmes de determinado gênero compartilham uma mesma linguagem cinematográfica. Quer um exemplo? Num musical, é normal um personagem começar a cantar no meio de uma cena, quando misteriosamente aparece o som de uma orquestra para acompanhá-lo.

DRAMA

O drama é um gênero de filme de *ficção*. Já sabemos que o forte do cinema é contar histórias. Na maioria das vezes, porém, não são histórias verdadeiras, que acontecem com pessoas reais; são histórias inventadas, com personagens de ficção. Mesmo sabendo que são inventadas, é importante que essas histórias sejam *verossímeis*, ou seja, que pareçam verdadeiras.

Nos filmes dramáticos, nos identificamos com os personagens, porque projetamos neles nossos desejos, nossas fantasias e nossos sentimentos. Os heróis e heroínas dos filmes dramáticos devem enfrentar vários obstáculos, por isso o roteirista de um drama precisa ser hábil para criar suspense, lidar com as emoções e as expectativas da audiência.

O filme *Casablanca* é considerado um dos dramas mais bonitos de todos os tempos. Interpretado por Humphrey Bogart e Ingrid Bergman, ele narra uma história de amor impossível durante a Segunda Guerra Mundial.

Se isso acontecesse num filme de terror, você iria rir, pois com certeza a cena quebraria o clima do filme. Numa comédia, acontecem certas maluquices que seriam impossíveis acontecer num filme realista.

DOCUMENTÁRIO

O que caracteriza o documentário é o fato de ele ser um filme de *não ficção*, ou seja, não se trata de uma história inventada, mas sim de um registro da realidade. O cinema documental traz para perto de nós fatos e realidades que nunca tínhamos visto. Os temas podem ser acontecimentos sociais, históricos, registros da natureza ou fatos científicos. Devemos lembrar, no entanto, que o cinema vai sempre *recriar* a realidade a seu modo. Por quê? Porque alguém seleciona e organiza os elementos que serão apresentados ao público.

O interesse pelas pessoas, pelo modo como elas vivem e por aquilo que elas pensam é clássico no documentário. Em muitos desses filmes, nos sentimos muito próximos das pessoas retratadas, pois elas agem e falam de forma espontânea e vivaz. O documentário *A Vida É um Sopro* traz para perto de nós o famoso arquiteto Oscar Niemeyer.

VOCÊ SABIA?

O documentário dá a ilusão de ser um filme que retrata a realidade como ela é. Mas as coisas não são bem assim. Quando o filme **Nanook, o Esquimó** foi feito, o pobre Nanook teve de enfrentar o frio e o gelo diversas vezes para que o diretor Robert Flatherty pudesse filmar as cenas de um jeito interessante para o público. Esse foi o primeiro documentário da história do cinema, realizado em 1922. Imagine construir um iglu mais de uma vez ou puxar uma foca de um buraco no gelo com uma corda, fazendo força... Bastante complicado, não?!

COMÉDIA

O riso sempre fez parte do cinema. É muito bom poder rir com as trapalhadas dos personagens. Você já ouviu falar dos pioneiros da comédia, daqueles que inventaram esse gênero? Só para citar alguns, temos Buster Keaton, os Irmãos Marx, com suas maluquices, e a dupla de humor circense o Gordo e o Magro.

Além de os atores serem figuras engraçadas, existem recursos próprios explorados pela comédia. O cinema mudo em preto e branco, por exemplo, favorecia o humor físico e as piadas visuais. Esse estilo popular baseia-se no ritmo frenético, na provocação e no inesperado de situações cômicas.

COMÉDIA DE COSTUMES

Há certos tipos de comédia que têm um humor mais sofisticado. Muitas vezes são filmes que retratam hábitos de determinada classe social ou podem conter uma dose de crítica aos nossos valores e costumes. As comédias desse tipo pedem roteiros bem-feitos e bons atores para nos fazer rir. Bons exemplos são os filmes *Uma Linda Mulher*, com a atriz Julia Roberts, ou *Deus É Brasileiro*, de Cacá Diegues.

SÁTIRA, PARÓDIA E HUMOR ÁCIDO

Há vários modos de fazer rir, por isso há estilos diferentes de comédia. A *sátira* faz rir por meio do ridículo e da zombaria. Um exemplo disso são os filmes da série *Austin Powers*, que imitam, de forma debochada, os filmes de James Bond. A *paródia* obtém o efeito cômico por meio da imitação das situações e dos cacoetes e trejeitos das pessoas. Você já deve ter visto alguém imitar o modo de andar e de falar de alguma figura importante, não é? Às vezes é muito engraçado. O *humor ácido* choca o espectador por empregar elementos mórbidos ou macabros em situações cômicas. No filme *Família Adams*, há vários exemplos de humor ácido.

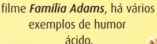

Por exemplo, correr atrás de alguém que está tentando fugir; escorregar numa casca de banana ou perder as calças no meio da rua. O famoso personagem Carlitos, criado por Charles Chaplin, tornou-se um símbolo da arte de fazer rir. Até mesmo quem nunca assistiu a um de seus filmes reconhece esse personagem, com chapéu coco, bengala e sapatos enormes.

Os filmes de Carlitos misturam o humor com o drama, fazendo a plateia rir e se emocionar ao mesmo tempo.

VOCÊ SABIA?

Woody Allen é considerado um grande mestre do humor. Ele criou uma fórmula própria de fazer graça. Na maioria de seus filmes, o humorista interpreta a si mesmo como um sujeito neurótico e inseguro, disposto a fazer piadas de sua própria situação. Em *Noivo Neurótico, Noiva Nervosa*, seu personagem, a certa altura, diz: "Não é que eu tenha medo da morte. Eu só não quero estar lá quando ela chegar".

GÊNIOS DO HUMOR

Quando pensamos em comédias, muitas vezes temos em mente atores excepcionais, que inventaram uma fórmula particular de fazer rir.

O comediante Jerry Lewis foi considerado o rei das trapalhadas e um dos atores mais engraçados da história do cinema. Ele inventou as caretas e os trejeitos de *O Professor Aloprado*. Outro desses gênios foi Peter Sellers, que interpretou o cômico inspetor Clouseau na série *A Pantera Cor-de-Rosa*. Às vezes, os trejeitos dos personagens são tão marcantes que pode acontecer de os atores se confundirem com seus próprios personagens. Você sabia que quem representa Mister Bean é o ator inglês Rowan Atkinson?

AÇÃO E AVENTURA

Durante a filmagem, cada vez que uma cena vai ser rodada, o diretor ordena: "Ação!". Isso vale para todos os filmes. Mas o que chamamos de *filme de ação* é o filme que tem violência, mortes, perseguições, na eterna luta do bem contra o mal. É um filme que envolve emoção, faz a gente se agarrar à poltrona, vibrar com cenas eletrizantes e torcer pelo herói, que em muitos casos parece indestrutível.

Filmes de ação e aventura fazem sucesso por causa da identificação que temos com um herói, seja o Zorro – o herói mascarado – ou o Tarzan – o rei das selvas. Hoje em dia os filmes de ação são mais complexos; eles incorporam temas atuais como terrorismo, armas nucleares e perseguições de todo tipo, geralmente em contextos urbanos. Além disso, usam a violência e o suspense de modo cada vez mais espetacular, com efeitos especiais fantásticos.

Você já reparou como os videogames e os jogos eletrônicos da internet seguem a estrutura dos filmes de ação, com perseguições, armas letais e lutas entre terroristas e agentes secretos?

DURO DE MATAR

O filme *Duro de Matar* tornou-se um marco entre os filmes de ação. Não só porque é um tipo de filme explosivo, com corridas para detonar bombas e muita violência, mas principalmente porque ele trouxe para as telas de cinema fatos reais e preocupações contemporâneas. O ator Bruce Willis interpreta um policial que enfrenta um grupo de terroristas com reféns num arranha-céu. O filme fez tanto sucesso que teve continuação.

Os filmes de ação geralmente reproduzem valores masculinos, fazendo o espectador identificar-se com um herói invencível. Os atores Sylvester Stallone e Arnold Schwarzenegger representam, no cinema, o clássico herói embrutecido, porém de bom coração. Esses heróis são tão fortes que conseguem feitos sobre-humanos.

GRANDES FILMES

Muitos filmes de ação podem mostrar situações extremas como guerras, conflitos ou grandes tragédias. Geralmente, essas situações envolvem muitas pessoas; são os *figurantes* – pessoas contratadas para dar suporte às cenas que exigem multidões. Um bom exemplo de filme com muitos figurantes é *Gladiador*. Esse filme se passa na Roma antiga e mostra cenas de confrontos e lutas. Para recriar essas cenas, o diretor se valeu de uma ótima trilha sonora, de figurinos deslumbrantes, de efeitos especiais e até de uma réplica do Coliseu, em tamanho natural.

BOND, JAMES BOND

Outro tipo de herói de filmes de ação é representado pelo personagem James Bond, um elegante agente secreto britânico, que se apresenta de um jeito engraçado: "Meu nome é Bond, James Bond".

Baseado num personagem da literatura, James Bond já foi vivido por diversos atores. Além de inteligência e coragem, Bond traz para as telas um mundo de luxo, lugares exóticos e muitas aventuras. Ele é um agente secreto capaz de apreciar um *dry-martini*, portando sua inseparável pistola e rodeado de mulheres lindas. Seus filmes viraram *cult movies* (filmes cultuados nos meios intelectuais e artísticos).

VOCÊ SABIA?

Como os atores dos filmes enfrentam tempestades, furacões, incêndios, tiroteios, lutas de espada e nunca se machucam? Simples: não são eles que estão em cena, mas sim um *dublê*. Dublê é um profissional especializado em fazer cenas difíceis ou perigosas: manejar armas e enfrentar fogo ou pular de um edifício sem se machucar, por exemplo. Para se proteger, os dublês usam roupas especiais e outros equipamentos de segurança.

FICÇÃO CIENTÍFICA
E FANTASIA

O mundo do cinema é povoado por diversos tipos de personagem: alguns estranhos, outros terríveis e muitos meigos e sedutores. Eles habitam mundos particulares, criados pela nossa imaginação, e pertencem a outras épocas, que podem ser o futuro ou o passado.

Ao descrever desastres naturais, como tufões e tempestades de gelo, ou ao contar aventuras imaginárias, como viagens no tempo, o gênero ficção científica incorpora alguma coisa dos filmes de terror, dos filmes de guerra e até mesmo da comédia.

Os cenários e os seres de ficção científica e de fantasia não habitam apenas a tela de cinema. Também estão presentes em histórias em quadrinhos,

nos videogames, na internet, nos clipes de TV e no RPG (jogo em que os participantes representam um papel, ou seja, são personagens). O mundo da fantasia produz fãs ardorosos e fiéis.

Os fãs de *Jornada nas Estrelas* (série de filmes baseados no seriado de TV *Star Trek*) formam uma tribo curiosa. Eles usam as roupas dos vários filmes, colecionam os vídeos, correspondem-se por meio de sites, organizam convenções e eventos. Existem dezenas de fã-clubes de trekkers (como são chamados) ao redor do mundo. Fãs de outras séries também gostam de se organizar em legiões; é o caso, por exemplo, dos fãs de *Guerra nas Estrelas* – a série de filmes dirigida por George Lucas.

VIAGENS NO TEMPO

A literatura foi a primeira arte a representar lugares exóticos e seres desconhecidos.

A *Odisseia*, de Homero, escrita na Grécia há muitos séculos, é considerada a primeira narrativa de viagens do Ocidente e inspirou muitos filmes. O filme *2001 – Uma odisseia no espaço*, uma obra-prima da ficção científica, narra, de forma espetacular, uma missão espacial rumo a Júpiter, em busca de nossas origens.

CASTELOS MODERNOS

Sonho e realidade se misturam em tramas como as de *Harry Potter* ou de *O Senhor dos Anéis*. A origem dessas histórias pertence à literatura, e seus autores pesquisaram a mitologia, o folclore e a história das civilizações antigas. E é por causa dessas pesquisas que esses

CRITURAS QUASE HUMANAS

Não é difícil encontrar nos filmes de ficção científica criaturas como robôs, androides e ciborgues. E são criaturas curiosas: enquanto os robôs são automatismos sem nenhum comando, os androides têm atitudes humanas. Ciborgues, por sua vez, são humanos controlados por máquinas.

Há muitas criaturas de ficção, além de máquinas futuristas. A ideia de uma sociedade formada por macacos ou outros seres primitivos já passou pela cabeça de muita gente. E alguns diretores executaram a ideia. No filme *Planeta dos Macacos*, uma missão espacial dá um salto no tempo e chega ao ano 3978. Em *Parque dos Dinossauros*, uma pequena amostra de DNA faz ressuscitar terríveis criaturas, consideradas extintas.

VOCÊ SABIA?

A tecnologia digital 3D trouxe possibilidades incríveis para os filmes de ficção científica. Para fazer o filme Avatar (2009), em que colonizadores humanos e nativos humanoides lutam no planeta Pandora, foram criadas câmeras especiais, que permitiram monitorar as filmagens em tempo real. Os atores foram transformados em versões digitais que capturavam seus movimentos e expressões. O resultado são criaturas digitais imaginárias e atores contracenando em ambientes virtuais de cores, textura e planos de extremo realismo.

autores são capazes de transportar personagens para outras épocas e outros lugares, ao mesmo tempo semelhantes ao mundo real e diferentes dele. Por exemplo, há vezes em que o herói recorre a forças sobrenaturais ou chega a romper as leis da física, ficando invisível ou tendo a capacidade de voar.

TERROR

O medo e o suspense têm sido um atrativo permanente para as plateias de cinema. Independentemente de os filmes de terror serem sofisticados ou simples, usarem alta tecnologia ou recursos precários, serem sérios ou engraçados, sempre há grande público para eles. Por isso, criar pesadelos é uma das grandes jogadas da indústria do cinema. Mas saiba que personagens como feiticeiras, demônios, mortos-vivos e cientistas loucos não são invenções do nosso tempo. Estão nas telas desde o início do cinema, no começo do século XX.

A verdade é que sentir medo gera prazer, o mesmo que sentimos quando praticamos um esporte radical ou andamos de montanha-russa. No cinema, porém, temos a vantagem de não sairmos machucados de uma sessão!

KING KONG

Você se lembra do gigantesco gorila King Kong? Ao mesmo tempo que ele era capaz de apavorar uma cidade inteira, era também um ser frágil e apaixonado. Em uma das cenas de pavor, ficaram famosos os gritos desesperados da mocinha, capturada na palma da mão do gigante. Nós, espectadores, sentimos atração e repulsa por monstros desse tipo, mas fazemos questão de sentir essas emoções; é como se eles fossem bichos de estimação que pudessem, a qualquer momento, nos fazer muito mal.

MONSTROS DE ARREPIAR

A era dos monstros se fixou nos anos 1930, com filmes como *Drácula* e *Frankenstein*. Criados com maquiagem e efeitos especiais, esses seres deformados e patéticos inspiraram pena e horror. Os grandes atores Bela Lugosi (como Drácula) e Boris Karloff (como Frankenstein) imortalizaram seus personagens, dando a eles características humanas que os tornaram ainda mais apavorantes.

PSICOSE

O cineasta inglês Alfred Hitchcock foi um grande mestre dos filmes de terror. Um famoso filme sob sua direção chama-se *Psicose*. Nele, a personagem principal é uma ladra que procura abrigo num motel e acaba sendo perseguida por um assassino (esta cena do chuveiro, aliás, é uma das mais famosas do cinema).

A música, inesquecível e inconfundível, ajuda a criar o clima de suspense. Com Hitchcock, as deformidades psíquicas entraram de vez para a história do cinema. Que medo!

ESTRANHOS FENÔMENOS

Os filmes de terror também exploram fenômenos como a possessão demoníaca e os espíritos dos mortos. *O Exorcista* foi o primeiro filme de terror a ser indicado a um Oscar. A meiga garotinha Regan transforma-se numa criatura descabelada, num demônio que fala palavrões e vomita uma substância esverdeada. Uma das cenas mais apavorantes desse filme é aquela em que Regan, possuída pelo demônio, gira a cabeça 360 graus em volta do tronco. Uau!

Outro tema apavorante dos filmes de terror são os assassinatos em série. Tanto o personagem monstruoso de *Sexta-Feira 13* quanto o protagonista de *A Hora do Pesadelo* são exemplos de assassinos que apavoram e trucidam suas vítimas, motivados por vingança ou por distúrbios psicológicos.

Um assassino como o psicopata canibal do filme *O Silêncio dos Inocentes* pode provocar calafrios no espectador, você concorda?

VOCÊ SABIA?

O brasileiro José Mojica Marins conquistou plateias do mundo todo com seu personagem sarcástico e irônico Zé do Caixão, conhecido como Coffin Joe no exterior. Caracterizado com unhas enormes, capa e cartola, Zé do Caixão personificou uma criatura diabólica, em filmes como **À Meia-Noite Levarei Sua Alma** e **Esta Noite Encarnarei no Teu Cadáver**. Zé do Caixão foi mestre de um gênero que no passado chegou a ser considerado **trash**. Mas hoje, tanto no exterior como no Brasil, suas obras se transformaram em **cult**, e são realmente artesanais pela forma precária como suas cenas foram filmadas.

ANIMAÇÃO

Todo mundo tem seu desenho animado predileto, não é mesmo? As histórias de animação são muito interessantes, pois podem mostrar a realidade de um jeito crítico ou irônico. E sempre nos divertimos com elas! Há várias maneiras de fazer as figuras se movimentar num filme de animação: podemos fazer desenhos quadro por quadro, fotografar bonecos ou então trabalhar com animação digital (feita por computador).
A ilusão de movimento das figuras acontece porque reproduzimos imagens estáticas em sequência, cada imagem um pouquinho diferente da outra.

DESENHO ANIMADO

Na animação tradicional, somos movidos não só pelo encanto dos desenhos, das cores e do movimento, mas por personagens cheios de sentimentos e personalidade.
Um dos gênios do cinema de animação foi Walt Disney. Ele criou o primeiro filme de animação longa-metragem, *Branca de Neve e os Sete Anões*. Esse filme levou três anos para ficar pronto e precisou do talento de uma grande equipe para produzir mais de 100 mil desenhos!

COMPUTAÇÃO GRÁFICA

A tecnologia digital revolucionou a concepção do cinema de animação. Com essa inovação, os filmes de animação deixaram de ser exclusividade das plateias infantis e passaram a receber atenção do público adolescente e adulto também. Após o sucesso de *Toy Story* (o primeiro filme totalmente digital), as bilheterias de cinema lucraram muito com o filme *Shrek*. Com muita ironia, esse filme narra a história de um ogro que tem sua vida invadida por vários personagens de contos de fada.
Já a animação *Os Incríveis* utiliza o humor para retratar a vida pacata e tediosa de super-heróis aposentados. Eles não se parecem nada com os super-heróis tradicionais!

ANIMES

Os filmes japoneses de animação são denominados *animes*. Seus traços são bastante característicos: os personagens têm olhos enormes e expressivos e cabelos bem malucos. Às vezes, eles ficam zangados ou tristes subitamente, o que é demonstrado pelo aparecimento de um raio ou de uma lágrima ao lado do rosto do personagem. Seus movimentos podem ser muito lentos ou super-rápidos nas cenas de luta.

VOCÊ SABIA?

Uma das coisas mais complicadas para a animação digital é imitar o modo de andar de uma pessoa. Cada pessoa tem um tipo físico e, além disso, é preciso considerar também o movimento das roupas. Hoje em dia, depois de determinar o jeito de um personagem andar, por meio de um programa de computador, é possível simular qualquer situação de movimento, como subir escadas, escalar uma montanha ou correr de um monstro terrível.

BONECOS

Quem nunca brincou de faz de conta, acionando brinquedos que ganham vida, se mexem e às vezes até falam? *Stop-motion* é uma técnica de animação que usa modelos, como bonecos feitos de massa de modelar, por exemplo. Esses bonecos são movimentados e fotografados quadro a quadro. Os quadros são montados numa película que é projetada para dar a ilusão de movimento. A animação *A Noiva Cadáver* foi feita com essa técnica e resultou num filme muito engraçado.

CINEMA NO BRASIL

O cinema brasileiro nasceu na mesma época em que os cinemas norte-americano e europeu, no comecinho do século XX; portanto, os primeiros filmes brasileiros já têm mais de cem anos. Em 1909, a opereta *A Viúva Alegre* bateu recordes de bilheteria. Com a vinda de técnicos estrangeiros para o Brasil e a criação das primeiras companhias de filmes, o cinema nacional cresceu rapidamente.

A produtora Atlântida, fundada em 1941, criou um gênero de comédia, baseado na sátira política e nas tiradas maliciosas, que ficou conhecido como *chanchada*. O cinema revelou o talento

O PAGADOR DE PROMESSAS

O filme *O Pagador de Promessas* tornou-se um clássico do cinema no Brasil e ganhou a Palma de Ouro do Festival de Cannes. O filme conta a história de um modesto sitiante do Nordeste que faz uma promessa a Iansã/Santa Bárbara para salvar seu burrico de nome Nicolau, atingido por um raio. Para pagar a promessa, ele deve fazer uma viagem com uma enorme cruz de madeira nas costas até a igreja da cidade de Salvador e colocá-la no altar.

CINEMA NOVO

Nos anos 1960 o cinema nacional sofreu uma grande transformação. Um grupo de cineastas (o mais famoso foi Glauber Rocha) criou um estilo novo, com o uso de equipamentos mais leves e imagens registradas com a câmera em movimento. Essa fase do cinema no Brasil ficou conhecida como *Cinema Novo*.

O cinema passou a ser visto como um fator de identidade nacional, ligado à nossa cultura e à nossa maneira de ver o mundo. O Brasil passou a se ver nas telas de cinema como um país de grandes contrastes sociais, convivendo com a fome, a miséria e a violência.

de grandes comediantes, como Oscarito e Grande Otelo. Atuando juntos e ótimos no improviso, eles criaram tipos malandros e bem brasileiros, que caíram no gosto popular.

> **VOCÊ SABIA?**
>
> O Brasil já teve uma grande companhia de cinema; chamava-se Vera Cruz e foi fundada em 1949. Seus estúdios contavam com equipamentos sofisticados e deram padrão internacional ao cinema brasileiro. A Vera Cruz durou apenas alguns anos, por motivos econômicos, mas produziu filmes muito importantes para o cinema, como **O Cangaceiro**, dirigido por Lima Barreto.

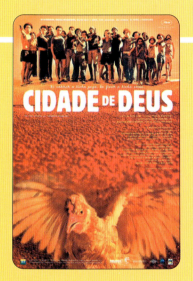

O BRASIL DE HOJE

Hoje em dia o cinema no Brasil enfrenta alguns desafios: contar boas histórias, discutir facetas complexas da realidade e ao mesmo tempo se afirmar como uma indústria avançada e lucrativa. Vários filmes se destacaram, como *Central do Brasil*, de Walter Salles, que trata da saga de um menino abandonado em busca do pai, no interior do país. O filme foi bem recebido tanto pelo público quanto pela crítica e chegou a ser indicado para o Oscar de melhor filme estrangeiro.

Cidade de Deus, de Fernando Meirelles, mostra o mundo da favela e da criminalidade usando uma linguagem moderna. Com *2 Filhos de Francisco* (de Breno Silveira), o país se emocionou com a luta de um pai humilde e obstinado em transformar seus filhos numa dupla sertaneja de sucesso.

Os filmes realizados nesse período ficaram famosos, despertando o interesse dos meios cinematográficos internacionais. Mesclando a literatura de cordel com a realidade do sertão brasileiro, Glauber Rocha criou a obra-prima *Deus e o Diabo na Terra do Sol*.

EMOÇÕES EM MOVIMENTO

A arte do cinema está sempre em transformação. A tecnologia digital revolucionou a linguagem do cinema e incorporou aos filmes fantásticos efeitos especiais. No entanto, mais do que os avanços da técnica, é a genialidade dos autores e cineastas que está sempre recriando a realidade.

O cinema já não segue apenas os padrões hollywoodianos, mas é produzido também por um grande número de estúdios e diretores independentes.

O surgimento de novos polos cinematográficos trouxe riqueza e diversidade para a arte do cinema. Em vários países, diretores brilhantes realizaram filmes inovadores, que passaram a integrar a história do cinema e a servir de referência para outros cineastas.

UM JEITO NOVO DE CONTAR HISTÓRIAS

A revolução no cinema não se dá apenas no aspecto técnico, mas também no campo formal. Os cineastas hoje empregam novos recursos narrativos, como os do filme *Babel*, do mexicano Alejandro Iñárritu. O filme conta várias histórias entrelaçadas, misturando países, línguas e personagens totalmente diversos. A mistura de diferentes culturas e dramas humanos resultou num filme sensual e colorido.

O cinema também explora com mais liberdade o tempo narrativo, misturando presente e passado ou colocando lado a lado o plano da fantasia e da realidade.

Nos filmes de Quentin Tarantino, como *Pulp Fiction* ou *Kill Bill*, podemos notar a fusão de vários elementos: a violência exagerada, a narrativa não linear, a ironia, as referências aos quadrinhos e à cultura de massas e a atração pela cultura oriental.

BOLLYWOOD

Atualmente a Índia é um grande centro cinematográfico, com uma produção de milhares de filmes por ano, concentrada na cidade de Mumbai (ex-Bombaim); o nome Bollywood é uma junção de Bombaim com Hollywood. O cinema indiano é adorado pelo público. Ao lado dos filmes mais populares, existe o cinema sofisticado, como o do grande diretor Satyajit Ray. O belo filme *Água*, da diretora Deepa Metha, foi indicado ao Oscar de filme estrangeiro em 2007.

CINEMA IRANIANO

O cinema feito no Irã (país islâmico, de religião muçulmana) é reconhecido por sua simplicidade e qualidade. O Irã produz excelentes filmes com enfoque realista e atores não profissionais, aproveitando cenários naturais de seu país. O cineasta Ghobadi, considerado um mestre, criou obras-primas como *Tempo de Embebedar Cavalos*.

OS CHINESES

Balés aéreos deslumbrantes, misturados com lutas marciais e arremesso de facas, são mostrados no filme *O Clã das Adagas Voadoras*, do diretor Zhang Yimou. Quando assistimos a essa história na tela, parece que voltamos a um tempo em que o cinema ainda nem existia. Um tempo em que, na China, imagens recortadas eram projetadas em pedaços de seda, fazendo com que tudo parecesse mágico.

Também nesses novos filmes chineses tudo parece estar além da realidade: a sensualidade, a beleza dos atores, os cenários e as paisagens deslumbrantes.

E TUDO SE MOVE NAS TELAS

Para onde vai o cinema? Qual será o futuro das imagens que se movem na sala escura?

Em mais de um século de existência, o cinema se transformou bastante. Incorporou cores e sons. Com a tecnologia digital 3D (em três dimensões), as imagens parecem saltar das telas, dando a ilusão de que participamos dos filmes. Salas gigantescas e incríveis sistemas de som transformam o ato de assistir a um filme numa experiência sensorial. Mas, na essência, o cinema permanece o mesmo. Ainda é a arte simples de contar histórias e prender nossa atenção, fazendo-nos viver outras vidas. Não são apenas imagens que se movem, dando a impressão de realidade. São nossas emoções que estão em jogo: emoções em movimento.

GLOSSÁRIO

Ação – Movimento captado pela câmera em uma filmagem.

Argumento – Texto que conta a história completa de um filme.

Áudio – Parte sonora de um filme.

Bitola – A largura de um filme; as mais empregadas são 35 mm, 16 mm e 8 mm.

Blockbuster – "Bomba arrasa-quarteirão"; expressão que se refere a um filme que faz grande sucesso.

Câmera lenta – Técnica que consiste em filmar uma cena em velocidade acelerada para, depois, exibir o filme em velocidade normal, produzindo a sensação de que as cenas filmadas transcorrem de maneira lenta.

Câmera rápida – Técnica de filmagem graças à qual uma ação parece estar acontecendo mais depressa do que na realidade, o que é resultado da projeção em ritmo normal de imagens rodadas em velocidade inferior à normal.

Câmera subjetiva – Câmera que registra as imagens do ponto de vista do ator, como se fosse seu olho.

Cena – Parte de um filme referente a uma mesma situação ou a um mesmo ambiente.

Cinematógrafo – Invento do fim do século XIX que consta de equipamento de fotografia e de projeção capazes de colher imagens e projetá-las numa sucessão rápida, produzindo a ilusão do movimento.

Claquete – Tábua onde está marcado o número de cada cena, plano e take, além do nome do filme.

Clichê – Lugar-comum, fórmula, argumento ou ideia desgastados pelo uso.

Close – Imagem que mostra uma pessoa ou objeto de perto.

Close-up – Imagem de um detalhe de uma pessoa, objeto ou paisagem.

Composição – Características físicas e psicológicas de um personagem.

Corte – Interrupção de uma cena e passagem direta a outra.

Créditos – Indicação das pessoas e instituições que participam de um filme.

Decupagem – Divisão do roteiro em cenas, sequências e planos.

Digitalização – Passagem de material filmado para o computador, para edição.

Dublagem – Gravação de falas ou partes cantadas, posteriormente à filmagem, em sincronia com o movimento labial dos personagens; substituição de um idioma por outro na trilha sonora de um filme.

Enquadramento – Ação ou efeito de delimitar a imagem.

Esquete – Rápida encenação cômica.

Flashback – Interrupção de uma sequência temporal para a inserção de acontecimentos do passado.

Gag – Situação que provoca efeito cômico; piada visual.

Montagem – Processo de seleção das cenas de um filme e sua colocação em sequência.

Neorrealismo – Movimento surgido na Itália, no fim da Segunda Guerra Mundial, movido por preocupações sociais e pela simpatia pela classe trabalhadora, e cuja influência foi marcante no cinema e na literatura.

Nouvelle vague – Movimento criado por cineastas franceses, originários da crítica cinematográfica, que realizaram produções de cunho autoral, no final dos anos 1950 e início dos anos 1960.

Off – "Em *off*"; som cuja fonte está situada fora da tela. Plano – Trecho de um filme feito em uma única tomada, isto é, sem cortes.

Plano americano – Plano que mostra um personagem da cintura para cima.

Plano geral – Plano que mostra personagem ou conjunto de personagens e o cenário que os envolve.

Sequência – Conjunto de cenas desenroladas num mesmo ambiente ou que tenham determinada unidade de ação.

Sinopse – Resumo do roteiro de um filme.

Suspense – Situação em que o desfecho ou a continuidade de um acontecimento é retardado para criar expectativa no espectador.

Take – Cena filmada sem interrupção.

Tecnicolor – Processo especial de registro de imagens em cores, em filmes cinematográficos, desenvolvido nos EUA.

Thriller – Filme de suspense, que provoca tensão.

Zoom – Afastamento ou aproximação de uma imagem pela mudança de distância focal de uma lente.